AF340365

L'Indépendance

DES

Républiques sud-africaines

ET

l'Angleterre

PAR

Edouard NAVILLE

Auteur de « La Question du Transvaal »

4e édition

Prix : 50 Centimes

GENÈVE

C.-E. ALIOTH, Éditeur, Boulevard du Théâtre, 7

1900

L'Indépendance

DES

Républiques sud-africaines

ET

l'Angleterre

PAR

Edouard NAVILLE

Auteur de « La Question du Transvaal »

Prix : **50** Centimes

GENÈVE

C.-E. ALIOTH, Éditeur, Boulevard du Théâtre, 7

1900

TABLE

L'Indépendance

des

Républiques sud-africaines

et

l'Angleterre

La franchise électorale et l'indépendance

Il y a six mois, lorsque l'orage sud-africain était près d'éclater, mais lorsqu'il pouvait encore se dissiper, quand aucun coup de canon n'avait été tiré, j'ai essayé d'exposer à mes compatriotes comment le différend devait être envisagé, si l'on tenait compte de l'histoire et de la politique du Transvaal depuis sa constitution en état indépendant. Ma conclusion, à ce moment-là, était que les partisans des Boers devaient leur conseiller de céder sur la question de la franchise, puisque cette question était le point central et, en quelque sorte, le résumé des réclamations de l'Angleterre.

Aujourd'hui, plus que jamais, je crois que c'était le vrai, que c'était la politique sage, et qui non seulement aurait maintenu l'existence du Transvaal, mais qui aurait contribué à sa prospérité et au développement extraordinaire auquel il peut aspirer.

Je dirai plus, je prétends que les véritables amis des

Boers, j'entends du peuple lui-même et non du gouvernement, étaient ceux qui leur tenaient ce langage. Les pauvres
Boers, à quoi les ont conduits ces violentes sorties contre
l'Angleterre dont la presse européenne retentit depuis
plus d'une année ? J'en appelle à leurs admirateurs pas-
sionnés, à ceux qui se donnent pour leurs partisans les
plus convaincus. Vous leur avez répété à satiété, et vous
leur redites encore tous les jours, que cette guerre infâme
est l'œuvre de M. Chamberlain qui est à la solde des capi-
talistes. Alors qu'il était possible d'éviter qu'on en vînt
aux mains, lorsqu'on en était encore aux négociations,
cent journaux ont incessamment crié aux Transvaaliens
que l'Angleterre en voulait à leur indépendance, et qu'elle
ne recherchait qu'un prétexte pour s'emparer des mines
d'or. Vous avez poussé le président Krüger à persister dans
son attitude héroïque, c'est-à-dire dans son intransigeance
invincible. Et maintenant, quel est le spectacle que nous
avons sous les yeux ? D'un côté, un petit peuple luttant
pour son indépendance, c'est-à-dire pour une cause perdue
d'avance, avec un héroïsme auquel un Suisse ne restera
jamais insensible ; en face de lui, un immense empire qui
ne reculera devant aucun sacrifice, en hommes et en argent,
pour établir sur ce petit peuple une suprématie incontestée,
et pour mettre fin à cette indépendance qu'il ne peut plus
tolérer aujourd'hui, quoique hier encore il fût tout prêt
à la lui laisser. Cette situation si tragique, que nous sommes
unanimes à déplorer, direz-vous que vos conseils et vos
encouragements n'y sont pour rien ?

Je ne reviendrai pas sur l'histoire du débat, que j'ai
exposée ailleurs, ni sur les réclamations des Uitlanders,
ni même sur les négociations. Il me suffira de rappeler
qu'au moment où elles ont été rompues, l'Angleterre
demandait pour les Uitlanders le droit de vote après cinq
ans de séjour, une représentation des districts miniers qui
ne serait pas supérieure au quart du Volksraad, et le droit,
pour les nouveaux députés, d'employer la langue anglaise
dans les délibérations.

Krüger, après avoir proposé lui-même la franchise de cinq ans, l'avait retirée quand il avait vu que l'Angleterre ne voulait pas l'acheter au prix de l'abrogation de la convention de 1884, et de l'abandon de son droit de suzeraineté. Il en restait à la franchise de sept ans, et quelle franchise ! une loi qui n'était qu'un trompe-l'œil, et qui était si bien conçue, que la fin en annulait le commencement, et que l'application en était forcément remise au bon vouloir du pouvoir exécutif.

Les deux adversaires étaient en présence, à se jeter des regards menaçants, quand le silence a été rompu par l'ultimatum du président Krüger qui donnait à l'Angleterre quarante-huit heures pour retirer ses troupes, sous prétexte que ses préparatifs étaient une menace et un danger pour le Transvaal. « Nous avons porté le premier coup, cela est vrai, dit M. Fisher, l'un des trois envoyés actuellement en Amérique, mais seulement parce que l'Angleterre avait accumulé des troupes près de nos frontières ». La campagne qui a suivi a montré ce qu'étaient ces préparatifs de l'Angleterre.

Supposons maintenant qu'au lieu de la guerre, Krüger eût choisi l'autre alternative, qu'il eût adopté de bonne foi et loyalement cette franchise de cinq ans à laquelle il avait songé lui-même, où en serait le Transvaal ? Il aurait un Raad dont le quart, au maximum, serait composé des représentants des districts miniers, qui font la prospérité du pays, et du travail desquels Krüger et son entourage profitent largement, pour eux-mêmes aussi bien que pour l'Etat. Les Uitlanders qui auraient passé cinq ans dans le pays seraient devenus des Transvaaliens ; ils auraient apporté à la bonne marche des affaires le concours de leur intelligence et de leurs ressources. Dès l'instant qu'ils auraient pris part au gouvernement du pays, ils n'auraient eu aucun intérêt à pousser à l'extension de la souveraineté anglaise, ils n'auraient point cherché à remplacer le Vierkleur par l'Union Jack, et comme les Burghers, ils seraient devenus des défenseurs de l'indépendance.

Politiquement, c'eût été la conduite la plus habile. De très bons esprits, et même des juristes de marque, ont reproché à l'Angleterre d'avoir insisté sur la question des droits électoraux. C'est, nous dit-on, une intrusion dans l'ordre intérieur du pays qu'une nation étrangère n'a pas le droit de se permettre. Sans doute, si cette demande de la franchise se présentait isolée, et pour elle-même ; si c'était un droit réclamé, sans contre-partie. Mais, qu'on ne l'oublie pas, cette demande était un compromis. En échange de la franchise, l'Angleterre abandonnait les réclamations qui concernaient spécialement les Uitlanders, et pour lesquelles ceux-ci avaient fait appel au secours de la mère-patrie. Tous ces griefs criants, qui, en Europe, sont du ressort de la protection consulaire et diplomatique, l'Angleterre renonçait à les examiner isolément et à en obtenir le redressement. Elle laissait aux Uitlanders le soin de se faire rendre justice par le Raad quand ils y seraient entrés. A eux de se débattre avec Krüger et ses partisans, dès qu'ils feraient partie de l'assemblée législative ; à eux de défendre leurs droits du moment qu'ils seraient en position de le faire.

On ne voit pas en quoi cette proposition était une atteinte à l'indépendance du Transvaal. Il nous semble, au contraire, que c'était le moyen de la garantir. En concentrant ainsi ses réclamations sur un seul point, l'Angleterre se désarmait elle-même. La franchise était-elle octroyée loyalement, M. Chamberlain, à l'entendre lui-même, n'avait plus de raison d'intervenir. Plus cette franchise était large, plus il y avait de citoyens intéressés à l'indépendance du pays, et à en sauvegarder le drapeau, moins une action nouvelle de l'Angleterre était justifiée, et avait chance de se produire. « Nous étions prêts à toutes les concessions, dit encore M. Fisher, à condition qu'on nous garantît la liberté et l'indépendance. » Pourquoi alors refuser la concession la plus importante qui, par elle-même, était la meilleure des garanties ?

Et cependant, les avertissements, partis des rangs

mêmes des Burghers, n'avaient pas manqué au président Krüger. Nous n'en citerons qu'un exemple.

En 1895, après le vote de la dernière loi sur la franchise, qui n'était qu'une loi prohibitive, les Uitlanders présentèrent au Raad une pétition couverte de plus de 35,000 signatures, demandant qu'on ne leur fermât pas ainsi la porte et qu'on ne leur refusât pas tous les droits politiques. Près de mille Burghers appuyèrent la demande; il est vrai que d'autres protestaient, et soutenaient que la loi devait être maintenue dans toute sa rigueur. Les débats du Raad durèrent trois jours.

Le président de la commission chargée d'examiner la pétition, M. Lucas Meyer déclara d'emblée qu'il était en minorité, et proposa d'accueillir favorablement la demande, et de la soumettre à l'assemblée des Burghers, nous dirions au referendum. Krüger commença par dire que les pétitionnaires étaient infidèles et rebelles à la loi, en signant un document de ce genre. C'est en vain que plusieurs membres du Raad protestèrent et défendirent avec beaucoup de talent la cause des Uitlanders et du libéralisme, insistant sur l'avantage qu'il y avait à faire des Uitlanders des amis et non une armée ennemie qui irait toujours en augmentant et qui finirait par tout renverser. Krüger resta inflexible; un des membres de la commission fut d'une violence extrême, il s'emporta contre ces réclamations perpétuelles dont on ne pourrait se défaire que par la guerre, et le plus tôt serait le mieux. Il proposa de passer à l'ordre du jour sur cette pétition, et c'est sa proposition qui fut adoptée. En sortant de ce débat, plusieurs des membres, plus clairvoyants et plus libéraux que les autres, ne se faisaient pas faute de déclarer que ce vote signifiait la perte de leur indépendance. « Maintenant, disait un vieux Boer, notre pays est perdu. Rien ne peut régler cette question que la guerre, et cette guerre ne peut avoir qu'une fin. Krüger et ses Hollandais nous ont pris notre indépendance plus sûrement que ne l'a fait Shepstone. »

Si l'on cherche quel est le mobile qui a poussé le

Transvaal à cette intransigeance fatale, il n'est pas difficile à trouver. L'octroi de la franchise aux Uitlanders, même
dans des proportions aussi restreintes que cellesqu'on proposait l'an passé, mettait fin à l'omnipotence de Krüger et
de ses Hollandais. En dépit de son petit nombre, il est
certain que la députation des Uitlanders aurait exercé une
grande influence sur le Raad. Il n'aurait plus été si facile
de légiférer par arrêtés, dans des séances secrètes; une loi
de « dessaisissement », comme celle de la Haute-Cour,
n'aurait pas passé si aisément. On n'aurait pas voté les
fonds secrets si volontiers, quel qu'en ait été l'emploi,
qu'ils aient servi à des armements ou à autre chose. On
aurait demandé pourquoi ces canons du Creusot et ces
fusils Mauser; puisque l'Angleterre étant satisfaite, on
n'était menacé par personne.

Surtout ces députés seraient devenus un centre de
ralliement pour les éléments libéraux très faibles qui se
trouvent encore dans le Raad actuel, quoique leur voix
soit étouffée par le parti Krüger. Le président se rappelle
que, dans l'avant-dernière élection, ce n'est qu'à grand'-
peine qu'il a réussi à l'emporter sur Joubert. Si tant est
qu'on puisse parler de libéralisme au Transvaal, c'est à
Joubert qu'il faut en faire honneur. Et pourtant ce n'est
pas à lui que Krüger pourra reprocher son peu de patrio-
tisme. A entendre les Afrikanders de Johannesburg, avec
Joubert la guerre n'aurait pas eu lieu; il n'aurait jamais
laissé la position des Uitlanders devenir ce qu'elle était.

Avec l'entrée des Uitlanders, il se serait donc formé
dans le Raad une opposition avec laquelle le gouvernement
aurait eu à compter. Or, grâce à ses efforts dans la dernière élection, Krüger avait réussi à la supprimer presque
entièrement et à devenir maître absolu du Raad. C'était
donc perdre le fruit de son travail et de son habileté. Aujourd'hui le Transvaal n'est une république que de nom.
Krüger a un pouvoir autocratique non seulement parce
qu'il dispose des suffrages du Raad, mais parce que toutes
les lois qu'il fait voter : justice, franchise, police, organi-

sation municipale et autres, aj...tant toujours à ses compétences, et finissent par concentrer le pouvoir dans sa main.

Malgré son omnipotence, il est douteux que Krüger eût réussi à entraîner les Transvaaliens à la guerre s'il ne s'était agi que de la franchise. Qu'importe aux fermiers éloignés de la ville, qui gardent leurs troupeaux sur leurs vastes terres, que les Uitlanders aient le droit de vote ou ne l'aient pas. Pourvu qu'on les laisse parfaitement tranquilles dans leurs occupations, et surtout qu'on ne les tracasse pas par l'impôt, les choses du gouvernement leur sont parfaitement indifférentes, et ils ne sont nullement disposés à se passionner pour ce qui se fait à Prétoria ou à Johannesburg.

Si l'on voulait qu'ils fissent la guerre, il fallait faire vibrer chez eux la corde sensible. Il fallait leur représenter que leur indépendance était menacée; alors on pouvait être certain qu'ils marcheraient tous comme un seul homme, jeunes et vieux, pour la défendre. C'est là ce que Krüger a réussi à obtenir avec une habileté merveilleuse. Pour atteindre son but, il avait un moyen à sa portée, c'était de soulever, vis-à-vis de l'Angleterre, la question de la suzeraineté. Le Transvaal avait vécu jusque-là sous le régime de la convention de Londres de 1884. L'article 4 de cette convention, qui l'oblige à ne pas conclure de traité ou d'engagement avec d'autres États que l'État libre avant que ces traités aient reçu l'approbation de la reine d'Angleterre, (until the same has been approved by Her Majesty the Queen) l'avait entravé en bien peu de chose. En particulier, cela ne l'avait pas empêché d'envoyer en Europe le Dr Leyds, et de chercher, par tous les moyens possibles, des alliances et de l'appui contre l'Angleterre.

La suzeraineté elle-même, sur laquelle on a tant discuté et contre laquelle le Transvaal proteste bruyamment, l'Angleterre, tout en prétendant l'avoir, ne l'a guère exercée. Malgré son existence, les Boers ont élaboré à leur aise toutes les lois qui, dirigées contre les Uitlanders, ont rendu leur position intenable. Et, pour en revenir à la

franchise, la suzeraineté de l'Angleterre s'est si peu fait
sentir dans les affaires intérieures, qu'elle a laissé les
Boers marcher dans une direction opposée à celle de tous
les pays du monde. Tandis que partout et surtout dans
les pays en voie de formation, dont le développement
dépend de l'afflux de l'étranger, on étend toujours les
droits électoraux; le Transvaal, sous l'influence de Krüger,
les a toujours plus restreints. En Suisse, et en particulier à
Genève, il n'y a presque pas de législature où l'on n'insiste
sur la nécessité et l'avantage qu'il y a à faire des étrangers
établis des citoyens intéressés à la prospérité et à la défense du pays. Au Transvaal on a fait tout le contraire;
partant l'une franchise de deux ans, on est arrivé à en
avoir une de douze, encore la loi qui la consacre est-elle
une loi prohibitive, du moins pour les Anglais; car quand il
s'agit des Hollandais décidés à soutenir la politique de
Krüger, il en était tout autrement, et même dans la
nouvelle loi, il y a un article 5 qui permet au pouvoir exécutif de les naturaliser sans autre condition que le serment.
Il est difficile de moins gêner l'indépendance du Transvaal
que ne l'a fait l'Angleterre, puisque non seulement le gouvernement Krüger a pu faire aux Uitlanders cette situation
insupportable, mais qu'il a repoussé invariablement toutes
leurs réclamations jusqu'au moment où, à bout de ressources, ils se sont tournés vers la mère-patrie.

En politique, il est des mots qui, quelquefois, prennent
une valeur tout à fait disproportionnée avec la réalité des
faits. C'est ce qui est arrivé pour ce mot de suzeraineté.
J'insiste encore une fois sur ce que j'ai dit ailleurs; ce n'est
pas l'Angleterre qui a soulevé la question; l'Angleterre a
toujours déclaré qu'elle voulait s'en tenir à la convention
de 1884, et M. Chamberlain l'a affirmé de la manière la plus
explicite dans sa dépêche du 22 septembre, qui a clos l'ère
des négociations.

On reprochera peut-être à l'Angleterre d'avoir mis une
trop grande importance à ce mot de suzeraineté dont, en
fait, elle s'est si peu prévalue, et de s'être attachée avec

autant de persistance à la convention de 1884, convention mal faite, prêtant à des interprétations contradictoires, et qui porte trop l'empreinte des circonstances dans lesquelles elle a été faite; c'est l'œuvre d'un gouvernement qui veut se débarrasser d'une question, et non la régler d'une manière définitive. Mais, toute mauvaise qu'elle était, et quelque faible que fût la prise qu'elle donnait à l'Angleterre, c'était le seul instrument que cette puissance eût sous la main, le seul moyen d'appuyer ses réclamations, et d'obtenir que les engagements pris vis-à-vis d'elle seraient exécutés. Ce n'est pas que les Boers ne se fussent fait faute de la violer; ils ne s'étaient guère préoccupés des dispositions qui leur défendaient de faire des raids en dehors de leurs frontières. Mais l'Angleterre avait vu la manière dérisoire avec laquelle on avait tenu les promesses faites aux Uitlanders après le raid Jameson. Elle entendait les Uitlanders la presser sans relâche de ne pas se contenter de simples promesses, mais d'exiger des garanties formelles. Dans ces conditions elle ne pouvait pas renoncer à la convention de 1884, ni surtout s'engager à ne jamais plus intervenir dans les affaires du Transvaal, comme le voulait Krüger quand il proposait la franchise de cinq ans.

Si l'habileté politique consiste à savoir, en toute occasion, jouer son adversaire, on peut dire que le président Krüger est passé maître dans cet art et qu'il mérite à ce titre l'admiration que Bismark éprouvait pour lui. Mais dans ce cas il n'a pas réussi. M. Chamberlain a déchiré d'un coup le filet dans lequel on voulait l'enserrer. Sa dépêche du 22 septembre, qui a déchaîné sur lui les foudres des amis des Boers en Angleterre et sur le continent, était une preuve de sa clairvoyance. Krüger ne voulait pas accorder la franchise de cinq ans. Il lui convenait d'avoir l'air de s'y prêter, mais il était décidé a ne pas introduire dans l'édifice politique du Transvaal ce levier qui, tôt ou tard, devait renverser son omnipotence. Et qu'on ne croie pas que c'est là un soupçon injuste à son égard; il en a donné la preuve quand il a retiré sa proposition en voyant que l'Angleterre ne voulait pas se lier les bras, et se réduire elle-même à l'impuissance. Son ministre, M. Reitz, dans la dépêche du 16 septembre, où il explique ce retrait, a soin de nous dire qu'en faisant ces propositions le gouvernement allait si loin qu'il courait risque d'être désavoué par le Raad. Pour qui connaît le pouvoir absolu que Krüger exerce sur cette assemblée, cette phrase n'est qu'une hypocrisie mal déguisée. Le Raad n'aurait probablement pas désavoué d'emblée le gouvernement; on aurait laissé passer quelque temps, puis on aurait argué de l'opposition de l'assemblée pour annuler la concession accordée. Et alors dans quelle posture se serait trouvée l'Angleterre, désarmée par ses engagements, et qu'auraient dit les ennemis de M. Chamberlain ?

Il était absolument certain que si l'on transportait le différend sur la question de la suzeraineté, on se heurterait, du côté de l'Angleterre, à un refus absolu de revenir sur la convention de 1884. C'était précisément l'arme cherchée. Suzeraineté et indépendance sont des mots qui s'excluent. On pourrait désormais crier aux Boers que l'Angleterre, ne voulant qu'affirmer sa suzeraineté, menaçait leur indépendance, et alors on les verrait aussitôt accourir autour du drapeau, et ne reculer devant aucun sacrifice. On pourrait présenter non seulement aux Transvaaliens mais au monde entier, comme le fait M. Reitz dans sa dépêche du 16 septembre, « les continuelles menaces et les dangers manifestes auxquels est exposée leur précieuse indépendance, du fait des prétentions à la suzeraineté qu'avance le gouvernement de S. M. », et alors, sans parler de l'effet que cela aurait dans le pays même, on était sûr de rallier les sympathies de toute l'Europe qui, instinctivement, prend parti pour un petit peuple luttant bravement pour son indépendance.

Krüger a parfaitement résumé sa politique dans un mot qu'il a prononcé à la conférence de Bloemfontein. Parlant de la franchise de cinq ans que réclamait sir Alfred Milner, il a déclaré qu'elle serait pire que l'annexion. En d'autres termes, plutôt perdre l'indépendance, que de détruire le système actuel où lui et son oligarchie sont tout puissants.

Je le demande aux amis des Boers. Peut-on voir un spectacle plus triste, plus tragique que celui que nous contemplons depuis six mois : un petit peuple qui se sacrifie pour une cause perdue d'avance, et cela parce que, disons le mot, il a été trompé par ceux qui le gouvernent. Que d'héroïsme prodigué sans résultat, que de sang versé en vain, que de douleurs sans nombre qui auraient pu être évitées si l'on n'avait pas volontairement introduit dans le débat un intérêt vital, qui n'était nullement en jeu. Qu'on songe, un instant encore, à ce que serait le Transvaal, à ce que seraient son présent et son avenir s'il avait écouté la voix de la raison, et s'il ne s'était pas laissé docilement conduire par Krüger et son entourage hollandais. Dans quelques années, quand les passions se seront un peu calmées, quand le vent d'anglophobie qui souffle sur toute l'Europe aura faibli, quand on jugera les événements avec plus de tranquillité et de sens rassis, je ne doute pas que le jugement que l'on passera sur Krüger ne soit sévère ; on le rangera parmi les gouvernements, hélas trop nombreux, qui ont conduit leur pays au désastre pour se maintenir.

Du moment qu'il ne s'agissait plus de la franchise, mais qu'on transportait la discussion sur le terrain de l'indépendance, le débat changeait totalement de face, il devait forcément conduire à la guerre, et cette guerre ne pouvait avoir qu'une fin, la perte de cette indépendance. Et c'est là en quoi l'habileté de Krüger a été néfaste. Plutôt que de faire des concessions qui lui déplaisaient ainsi qu'à ses partisans, il a préféré faire de l'indépendance de son pays, et par conséquent de son existence même, l'enjeu de la terrible partie qui se joue maintenant, et quand une partie est perdue, ce n'est pas alors qu'on change l'enjeu. Si maintien du régime actuel et indépendance sont des termes synonymes, si les deux choses sont si indissolublement liées que la destruction de l'une entraîne celle de l'autre,

alors c'en est fait de l'indépendance des Boers, l'Angleterre
ne peut pas la leur laisser, car ce serait déclarer presque
avec naïveté que la guerre n'avait aucune raison d'être.
Tous les jours nous lisons dans les journaux qu'un peuple
qui défend si bien son indépendance est digne de la conserver.
L'idée est généreuse, et part d'un noble sentiment. Mais
ne voit-on pas que la solution est fatale, et qu'il n'y en a
pas d'autre. Cette indépendance si précieuse, il ne fallait
pas la mettre en balance des intérêts du gouvernement e'
de sa coterie, il ne fallait pas la jouer le sachant et le voulant. Plutôt l'annexion, a dit Krüger, que l'autre alternative, celle d'accorder aux Uitlanders le minimum de
leurs demandes les plus justifiées. C'est vous qui avez posé
le dilemme, il est maintenant trop tard pour revenir sur
votre choix.

La mission du Dr Leyds

Pour exciter encore davantage les Boers contre l'Angleterre, leur a-t-on représenté que leurs biens étaient en
danger, que le rapace Anglais s'emparerait de leurs fermes
et de leurs troupeaux? On l'a beaucoup dit, et les journaux
ont rapporté des témoignages de prisonniers qui ont
montré que cette idée régnait chez un grand nombre
d'entre eux. Cette calomnie, si elle a été répandue, ne pouvait cependant agir que sur l'esprit des ignorants ; ce
n'était pas un argument qu'on pût produire ouvertement, et
qui pût déterminer la politique du gouvernement.

Ce qui est plus grave, et ce qui a contribué certainement à pousser les Boers à la guerre, c'est la mission du
Dr Leyds en Europe. Le Dr Leyds n'est pas un Transvaalien, c'est l'un de ces Hollandais adoptés par le président Krüger, et qui est maintenant l'un de ses instru-
ments les plus utiles, après avoir commencé par être en

fort mauvais termes avec lui. C'est donc un homme qui a un grand intérêt au maintien de l'ordre de choses actuel.

Peut-on croire que le Dr Leyds a renseigné exactement son gouvernement sur les dispositions des puissances, au milieu desquelles il avait établi sa résidence ? Ou, au contraire, a-t-il contribué à propager l'illusion, qui sans doute dominait dans l'esprit d'un grand nombre de Transvaaliens, que l'Europe et l'Amérique ne laisseraient pas sombrer les républiques sud-africaines. Il n'est que trop clair qu'ils comptaient sur un appui de l'étranger autre que des ambulances ou des mercenaires qui viendraient individuellement. En particulier, grand a dû être le désappointement de ceux qui se berçaient de l'idée qu'ils pouvaient compter sur le gouvernement allemand. Plusieurs fois, depuis 1877, on avait essayé de nouer des relations avec l'Allemagne ; on se rappelait le télégramme de l'empereur à propos du raid Jameson. Mais, de là à ce que l'empire partît en guerre contre l'Angleterre, et risquât une lutte terrible dont on ne saurait prévoir les conséquences, il y a non un pas, mais un abîme. Personne ne le savait mieux que le Dr Leyds ; c'était à lui à avertir ses compatriotes d'adoption que lorsqu'ils se tourneraient vers l'Europe pour y chercher de l'aide, on leur donnerait, pour tout secours, des articles de journaux.

Au lieu de cela, on a cultivé des espérances chimériques ; on a favorisé les attaques violentes et haineuses contre l'Angleterre qui ont rempli la presse allemande, et une partie de la presse française ; on a répandu à profusion ces étonnantes nouvelles, parties de Bruxelles, qu'on criait dans les rues de Paris ou de Berlin, et qui servaient de thème aux journaux pour porter les Boers aux nues, ou pour ravaler les Anglais plus bas que terre. Profitant de la liberté illimitée qu'a la presse en Angleterre, on a eu, chez l'ennemi lui-même, de bruyants et remuants alliés. Quoi d'étonnant à ce que les Boers aient cru sincèrement, que puisqu'ils avaient pour eux la sympathie du monde entier, cette sympathie se traduirait par un appui réel. Des démonstrations aussi unanimes que celles qu'on leur décrivait ne pouvaient laisser les gouvernements indifférents, elles leur forceraient la main.

Ici encore, je n'hésite pas à le dire, les Boers ont été trompés, et je n'en veux d'autre preuve que la mission des trois envoyés qui viennent de quitter l'Europe. Peut-on croire, comme ils nous le disent, qu'ils avaient pour mission de visiter uniquement la Hollande, et ce départ précipité, est-il autre chose que l'aveu qu'il n'y a rien à espérer de l'Europe. Si les yeux des envoyés se sont ouverts, il ne semble pas que leurs amis veulent renoncer à leurs illusions réelles ou feintes. Dans un document, qu'une association hollandaise répand sur le continent et en Angleterre, on nous dit que les trois envoyés ont eu avec le ministre hollandais des affaires étrangères, M. de Beaufort, un entretien d'un caractère tout-à-fait confidentiel « au cours duquel Son Excellence a fait à la députation les plus aimables promesses ». Quelque aimable qu'ait été le langage de M. de Beaufort, on peut se demander si c'est pour l'entendre que les trois envoyés ont fait le voyage d'Europe, et de quelle utilité ce langage peut être aux défenseurs de Kronstadt ou de Prétoria.

Encore une fois, les vrais amis des Boers sont-ce les hommes qui les leurrent de ces chimères, ou ceux qui s'efforcent de leur montrer la situation dans toute sa dure et tragique réalité, et qui voudraient les persuader de ne pas l'aggraver encore.

Il n'était pas nécessaire d'être grand prophète pour prédire que l'Allemagne resterait neutre dans le conflit. Qu'est-ce que la politique aujourd'hui ? c'est pour chaque nation le calcul de ses intérêts, la recherche des moyens de les favoriser, et d'éviter ce qui leur est contraire. De notre temps, on ne se bat plus pour une idée, même généreuse, on ne fait la guerre que pour des intérêts, encore faut-il pour mettre en mouvement, non plus comme naguère des troupes de soldats de profession, mais des nations

armées, que ces intérêts soient de premier ordre ou même
des intérêts vitaux.

Or, je le demande, en quoi l'Allemagne est-elle inté-
ressée à maintenir chez les Boers ce qu'ils nomment leur
liberté, c'est-à-dire le droit et le pouvoir de n'accorder cette
liberté à personne qu'à eux-mêmes, de rester à l'état d'oligarchie se recrutant à son gré, et exploitant une majorité
d'étrangers auxquels seuls elle doit sa prospérité et sa
richesse. L'intérêt de l'Allemagne, comme de tout pays
qui a besoin de s'étendre et d'essaimer au dehors, c'est, au
contraire, que le système boer disparaisse et qu'il soit
remplacé par le système colonial anglais. On parle souvent
d'un conflit possible entre l'Angleterre et l'Allemagne.
Cette éventualité nous a toujours paru fort improbable, si
ce n'est impossible. L'Allemagne retire trop d'avantages de
l'empire colonial anglais, pour songer, je ne dirai pas à le
détruire, mais à l'affaiblir. On sait qu'aux Indes ou en Aus-
tralie il y a de nombreuses colonies allemandes, qui y ont
fondé de puissantes maisons de commerce, et qui y intro-
duisent toujours plus les produits industriels de la mère-
patrie. Ces gens-là vivent en parfaite sécurité sous le drapeau de l'Angleterre qui a le soin et la charge de les pro-
téger, sans qu'il y ait aucun privilège en faveur de l'Anglais,
ou préjudiciable à l'étranger, et sans la bureaucratie qui
entrave le développement de la colonisation allemande.
Aussitôt le Transvaal devenu colonie anglaise, les Allemands y afflueront certainement, ils seront aussi prompts
que les Anglais à profiter de la « porte ouverte » et à se
mettre à exploiter les immenses richesses minières que
renferme ce pays, car, à entendre les voyageurs, il y a bien
autre chose que les mines d'or.

Et ce seraient ces mêmes Allemands qui auraient
prêté au président Krüger l'appui de leur bras puissant,
pour l'aider à tenir hermétiquement fermée cette porte par
laquelle ils s'apprêtent à passer en foule. En vérité, cette
conduite eût été, pour le moins, étrange.

On parlera, que sais-je, de traditions historiques, du

droit à l'existence qu'a un petit peuple aussi bien qu'un grand, droit d'autant plus respectable que le petit peuple est faible et moins en état de le défendre. Ce n'est pas à la grande Allemagne, fondée par Bismark, qu'il faut demarder de prendre, pour règle de conduite, des considérations de cette nature. Qu'on ne l'oublie pas, le premier acte qui a fait sortir la Prusse de la position d'infériorité où l'avait laissée la paix d'Olmütz, c'est l'écrasement du Danemark. C'est sur ce petit pays que la Prusse a essayé son armée, réorganisée par Moltke et Roon, encore ce coup d'essai a-t-il été fait de concert avec l'Autriche. Deux ans après, le Hanovre, la Hesse et le Nassau, et d'autres états allemands perdaient leur indépendance et étaient annexés à la Prusse. Et cependant, les traditions historiques de ces pays, les droits acquis par un passé où il y avait eu des épisodes glorieux, étaient autres que ceux des Boers. Prendre fait et cause pour les Boers, c'eût été suivre une politique opposée à celle qui a contribué pour une part à faire de la Prusse d'abord, puis de l'Allemagne, la puissance d'aujourd'hui.

La politique extérieure du Transvaal

Je ne sais si le président Krüger a prêté, vis-à-vis de l'Angleterre, le même serment que, suivant la tradition, le père d'Annibal fit prêter à son fils à l'égard de Rome. Toujours est-il que depuis le grand trek de 1834, auquel il prit part comme jeune garçon, Krüger a éprouvé pour l'Anglais une haine aussi féroce que le Carthaginois pour le Romain. A cette haine est venue s'ajouter une ambition qu'il partage avec un grand nombre de Hollandais, celle de chasser du Sud de l'Afrique l'élément anglais, en sorte que « depuis le Zambéze jusqu'à Simon's bay l'Afrique soit à l'Afrikander », c'est-à-dire au Hollandais; car pour M. Reitz, auquel j'emprunte ces mots, l'Afrikander anglais n'en est pas un.

Cette intention, bien arrêtée, d'avoir le Sud de l'Afrique tout à soi, et d'en chasser ce qu'on est convenu d'appeler l'oppresseur, c'est-à-dire l'élément britannique, est, à n'en pas douter, ce qui a dicté la conduite du chef du gouvernement de l'Etat d'Orange, le président Steijn.

Si, à mon avis, la postérité ne peut qu'être sévère pour le président Krüger, son jugement ne sera pas plus clément à l'égard du président Steijn. Depuis la convention de Bloemfontein, qui lui avait donné l'indépendance, l'Etat d'Orange avait vécu en paix et en tranquillité, et dans les meilleurs termes avec l'Angleterre. Son existence n'avait été troublée que par des querelles avec les indigènes, et par une attaque partie du Transvaal. Pendant la période d'anarchie que leur pays a traversée depuis la convention de Sand River jusqu'en 1877, une fois une troupe de Transvaaliens avait franchi la frontière, et envahi la partie Nord de l'Etat libre, mais elle s'était promptement retirée lorsqu'elle avait vu qu'on allait lui résister.

Depuis, l'Etat d'Orange n'avait eu quoi que ce soit à redouter pour son indépendance; au contraire, le président Sir John Brand avait réussi à maintenir, avec son puissant voisin, des relations dont la cordialité ne laissait rien à désirer. La franchise était de deux ans, et l'on n'avait jamais songé à la restreindre. Il est vrai que le pays n'a pas de mines d'or, et que l'affluence de l'étranger n'est pas, à beaucoup près, aussi considérable que dans le Transvaal.

Si l'on n'avait pas de raison de se plaindre de l'Angleterre, en revanche, les relations avaient été quelquefois tendues avec les voisins d'au-delà du Vaal; d'abord lors de l'invasion dont j'ai parlé, puis lorsque le Transvaal avait voulu fermer au commerce les gués qui donnaient accès à l'Etat Libre, de manière à favoriser sa ligne de chemin de fer. Enfin, ce qui avait froissé les Orangistes, c'était la prédilection marquée de Krüger pour les Hollandais importés d'Europe, les Leyds, les Mansfelt et autres, à l'exclusion des Afrikanders qu'il considérait comme entachés de faible pour l'Angleterre.

L'une des premières conséquences du raid Jameson a été d'amener l'élection du président Steijn qui l'a emporté sur son concurrent dont les tendances, favorables à l'Angleterre, étaient tout opposées. Un autre résultat de cette expédition néfaste a été de retourner les habitants de l'Orange du côté des Boers. Steijn, arrivé à la présidence, s'est laissé persuader, par le président Krüger, de faire ce traité d'alliance offensive et défensive, qui est de date très récente, et qui est l'œuvre des deux présidents. Un traité de ce genre, qui engage la vie et l'existence d'un état, et que les grandes puissances n'acceptent qu'avec mille précautions, ne se justifie que dans des circonstances très graves, et lorsque des dangers véritables l'imposent pour ainsi dire aux parties. Or, le président Steijn savait fort bien que personne n'en voulait à l'indépendance de l'Etat d'Orange. L'Angleterre seule aurait pu la menacer, et il n'y avait avec elle aucune discussion, rien qui troublât la bonne harmonie. L'alliance avec le Transvaal n'avait donc nullement le caractère de réciprocité, l'avantage en était uniquement unilatéral, il était nul pour l'Etat libre. C'était risquer volontairement l'existence de son pays, pour appuyer la politique du président Krüger, car personne mieux que Steijn ne connaissait le caractère véritable des réclamations que l'Angleterre faisait au Transvaal. Le mobile qui a poussé Steijn à conclure cette alliance, c'est qu'il partageait l'ambition de Krüger, laquelle s'ajoutant au désir de se maintenir au pouvoir, a été la cause véritable de la guerre. Tous deux aspiraient à chasser du Sud de l'Afrique, ou tout au moins à s'assujettir l'élément britannique, et à établir cet empire hollandais dont M. Reitz a tracé les limites. On a traité cette idée de fantôme, ou même de calomnie inventée par les amis de l'Angleterre. L'étude de la conduite du gouvernement boer, depuis la convention de Prétoria jusqu'aux derniers événements, en est la confirmation très claire. C'est cette ambition qui a poussé aussi le gouvernement Krüger aux armements bien antérieurs au raid Jameson.

On se figure souvent l'État du Transvaal comme une sorte d'Arcadie dont les habitants ne demandaient qu'à vivre dans une simplicité patriarcale, contents de leur territoire et de leurs institutions. Les événements ont montré qu'il faut beaucoup en rabattre, et que cette peinture idyllique est loin d'être celle de la réalité. Je ne reviens pas sur ce que ces bergers ne se sont point détournés avec mépris de l'or que les Uitlanders tiraient de leur sol. Mais si l'on considère leur politique vis-à-vis de leurs voisins, on voit qu'ils n'ont jamais envisagé les deux conventions conclues avec l'Angleterre comme des engagements qu'ils devaient scrupuleusement respecter. Pour eux c'étaient des concessions arrachées par la victoire, et qui devaient conduire à d'autres. L'Angleterre, il n'y avait pas lieu à la ménager; on l'avait vaincue à Laing's Nek et à Majuba Hill, et aussitôt après elle avait fait la paix.

Or, s'il y a des articles clairs et qui ne prêtent à aucune ambiguité, et cela dans les deux conventions, ce sont les articles, très longs et très développés, qui fixent les limites du territoire de la république sud-africaine, et qui déclarent que le gouvernement du Transvaal s'en tiendra strictement à ces limites, et veillera à ce que ses ressortissants ne se permettent aucune violation de ces frontières, ni aucune expédition sur le territoire voisin. Ces articles ont été pour les Boers une lettre morte. A peine la convention de Prétoria avait-elle été conclue, que les Boers envahissaient le pays des Béchuanas. Pendant plusieurs années ce furent des expéditions de flibustiers, des raids, pour employer le mot consacré, dans le territoire qui était sous protectorat anglais. A tel point que le ministère Gladstone dut envoyer des troupes commandées par Sir Charles Warren. Lord Derby, ministre des colonies d'alors, convenait que la conduite des Boers était un *casus belli*. Cependant, on ne fit pas la guerre. L'Angleterre céda; les Boers rentrèrent chez eux, mais ils obtinrent des modifications à la convention de Prétoria, qui sont devenues la convention de Londres de 1884, sous l'empire de laquelle les deux états ont vécu jusqu'à présent. M. Reitz, dans son long réquisitoire contre l'Angleterre, publié par M. Stead, parle de M. Gladstone comme d'un homme que les Boers n'oublieront jamais. Plusieurs fois aussi Krüger a fait allusion, dans ses discours, à la magnanimité de l'Angleterre lorsque, cédant aux idées généreuses de son premier ministre, elle a rendu au Transvaal son indépendance. On conviendra que c'est une singulière façon de reconnaître la magnanimité d'un adversaire, que de commencer par violer l'engagement qu'on a pris vis-à-vis de lui, et d'envahir d'emblée son territoire, au sujet duquel il a été stipulé, dans les termes les plus formels, qu'on n'y touchera pas. Est-ce pour en faire cet usage que l'Angleterre avait rendu au Transvaal son indépendance ? Aucune nécessité, aucun mobile autre que le désir de s'agrandir et de conquérir un plus grand territoire, ne poussait les Transvaaliens à faire ces expéditions dont Krüger porte la responsabilité pour une bonne part. Après la mort de Joubert, ses biographes ont raconté qu'il avait catégoriquement refusé de suivre Krüger dans le Béchuanaland, parce que, disait-il, quand on venait de faire une convention avec un voisin, le premier devoir était de la respecter.

Ainsi, à la première violation de la convention de Prétoria, non seulement l'Angleterre n'avait point obligé le Transvaal à s'y tenir ; elle ne l'avait point rendue plus étroite et plus gênante pour les Boers ; au contraire, elle avait renoncé à plusieurs droits qui lui étaient accordés en raison de sa suzeraineté, elle ne se réservait que le contrôle des traités avec l'extérieur, et cette prééminence de fait qui a laissé aux Boers les coudées parfaitement franches. C'est là le premier de ces actes d'oppression que les Boers et leurs amis ne cessent de dénoncer.

N'ayant pas réussi à l'Ouest, et au mépris de la convention de 1884 qui venait d'être signée, et qui les obligeait, comme la précédente, à respecter les frontières établies, les Boers dirigèrent leurs raids d'autres côtés.

Ce fut d'abord vers le Sud, vers la frontière méridionale du Swaziland. L'article 12 de la convention stipule que l'indépendance complète des Swazis est reconnue. Mais, depuis un certain nombre d'années, des familles boers, dirigées par un Portugais de naissance, M. Ferreira, s'y étaient établies, et avaient constitué une communauté à laquelle ils avaient donné le nom de Petit État libre. En 1888, Ferreira conclut avec le roi des Swazis un traité écrit qui lui abandonnait la souveraineté de ce district, et qui l'autorisait à l'annexer au Transvaal. Le gouvernement boer, en vertu de l'article 12, ne pouvait pas éviter de s'adresser à l'Angleterre. Il le fit dans des termes qui caractérisent la diplomatie boer: le gouvernement de Sa Majesté devait permettre que le Transvaal se chargeât immédiatement de l'administration de ce territoire, car le cas était pressant, et ne souffrait pas de délai. L'addition du territoire du Petit État libre à celui de la République, disait-on encore ailleurs, ne saurait être regardée comme une concession de la part du gouvernement de Sa Majesté, car cette addition est une nécessité impérieuse, et il n'y a aucune raison de s'y opposer. Ici encore, quoique ce fût une violation flagrante de la convention de 1884, l'Angleterre ne fit pas d'opposition, et c'est ainsi que le Transvaal a acquis la frontière Nord du Natal et les environs de Vryheid, ce qui séparait le Swaziland du territoire anglais.

Le pays des Swazis est aussi un territoire de mines d'or, et il s'y est produit, quoique à un degré beaucoup moindre que dans le Transvaal, une immigration d'étrangers. Suivant l'opinion reçue d'après laquelle les Boers n'ont vu qu'avec une angoisse patriotique, la découverte des mines d'or, et l'établissement des Uitlanders pour les exploiter, il semble qu'ils auraient dû se garder de toucher au Swaziland. Tout au contraire, c'est depuis qu'on y a découvert ces richesses, qu'ils ont fait des efforts répétés pour l'acquérir. Il est vrai qu'entre ces pays et la mer ne se

trouve qu'une zone étroite. « Quand j'aurai le Swaziland »,
disait Krüger, « je veux aller regarder la mer ». Le littoral
était occupé par des chefs avec lesquels les Ferreira
avaient conclu des traités, ce qui n'était nullement con-
forme à la convention de 1884 ; malgré cela, la République
sud-africaine s'adressa au gouvernement anglais, et de-
manda à annexer la côte jusqu'au territoire portugais. La
demande était formulée en termes pressants mais courtois.
On insistait sur l'intérêt qu'il y avait pour la République à
avoir accès à la mer. Cette concession ne pouvait que
rendre les relations des deux états toujours plus cordiales.
Cela écarterait aussi le danger de voir les Ferreira trans-
férer les droits qu'ils avaient obtenus des chefs, à une autre
puissance que l'Angleterre. D'ailleurs, disait-on encore, la
cession de cette bande de terrain ne lui était nullement
désavantageuse, et l'on ne pouvait admettre que l'Angleterre eût pour but de séparer autant que possible la république de la mer, de retarder son développement, et de
finir ainsi par l'annihiler.

On conviendra que s'il y a une concession pénible à
l'Angleterre, et qui lui répugne plus que toute autre, c'est
celle d'un port. Et cependant, même dans ces circonstances, l'Angleterre ne refusa pas d'une manière absolue.
Sir Hercules Robinson répondit qu'en principe l'Angleterre
n'était pas hostile au désir légitime de la République sud-
africaine de communiquer avec la mer ; mais il arguait des
intérêts anglais au Swaziland qui ne pourraient plus être
protégés par l'Angleterre. A quoi les Transvaaliens faisaient cette réponse caractéristique : donnez-nous aussi le
Swaziland, cela résout la difficulté, vos intérêts seront
protégés.

Désireuse de régler la question à l'amiable, l'Angleterre envoya un commissaire qui proposa de céder au
Transvaal le port de Kosi Bay, et de lui accorder le droit de
réunir ce port à son territoire par un chemin de fer. Cependant, on y mettait, outre quelques conditions commer-
ciales, la défense de jamais céder ce port à une puissance

étrangère, et l'obligation, en cas de contestations avec étranger, de charger l'Angleterre des négociations.

Ces propositions ont été incorporées dans une convention qui devait être signée et ratifiée dans le délai de trois ans. Si, au bout de ce temps, le Transvaal n'avait pas pris possession du territoire qui lui était concédé, elle tombait d'elle-même. Quoique l'échéance ait été prolongée d'une année, le Transvaal ne bougea pas, et la convention tomba. Pendant plusieurs années encore, les Ferreira continuèrent leurs intrigues avec les chefs de la côte, et le gouvernement ne cessa de faire valoir ce qu'il nommait ses droits sur cette partie du pays ; mais alors l'Angleterre perdit patience, elle établit son protectorat sur le littoral, du Natal jusqu'aux possessions portugaises, et ferma ainsi définitivement l'accès de la mer au Transvaal, qui n'avait pas voulu profiter de l'occasion qui lui avait été fournie.

Pendant ces négociations, les Boers ne s'étaient pas tenus tranquilles. Du côté du Nord, ils avaient organisé un trek armé qui devait s'établir dans le Mashonaland. Ils étaient au nombre de plusieurs milliers. L'une des bandes était sous le commandement du colonel Ferreira. Aussitôt la frontière passée, une proclamation devait déclarer fondée la république du Nord, et établir un gouvernement provisoire ; au bout de quelques années ce nouvel état se serait fondu avec le Transvaal. Cette expédition ne réussit pas. Elle fut arrêtée par des troupes régulières anglaises, commandées par le général Carrington, et la police de la Chartered sous les ordres du Dr Jameson. Krüger n'insista pas sur ce qu'il appelait les droits des Transvaaliens sur le Mashonaland, il obtint en échange le protectorat du Swaziland.

Si je suis entré dans quelques détails sur ce que j'appellerais la politique extérieure du Transvaal, c'est qu'il ressort de tous ses actes l'intention bien arrêtée de ne pas se considérer comme lié par les conventions avec l'Angleterre, et d'étendre son territoire par la conquête. En revanche, on remarquera, que dans ses démêlés avec le

Transvaal, l'Angleterre a toujours accordé à son remuant voisin une partie de ses revendications, quoiqu'elles fussent opposées aux articles formels des conventions. Au moment de la déclaration de guerre, le territoire transvaalien était plus étendu qu'en 1881. Il s'était augmenté du Petit Etat libre, à quoi était venu s'ajouter le protectorat du Swaziland. Pendant quatre ans, les Boers avaient eu toute facilité à se créer un port, ce dont ils n'avaient nullement profité, et surtout dans la convention de Londres qui était censée les lier, l'Angleterre avait renoncé à presque tous les droits que lui conférait celle de Prétoria. Et cependant, on nous parle tous les jours de la conspiration ourdie par l'Angleterre pour prendre au Transvaal son indépendance. Etrange manière d'asservir un peuple, que d'augmenter son territoire, de renoncer à la plupart des droits qu'entraîne la suzeraineté, et de lui offrir l'une des armes les plus redoutables pour se défendre, la communication avec l'étranger par le moyen d'un port.

Encore ici, il faut faire remonter à qui de droit la responsabilité de tous ces démêlés. C'est le gouvernement Krüger qui a été l'âme de ces réclamations non justifiées, et qui a prêté son appui à ces atteintes aux conventions qu'il n'a jamais loyalement acceptées. C'est grâce à lui que l'indépendance du Transvaal est devenue intolérable à son puissant voisin, au point que le cabinet Gladstone et ses ministres, si complaisants pour les Boers, lord Derby et lord Ripon, se sont vus plusieurs fois à deux doigts de la guerre, tandis qu'à côté, l'Etat libre, sous le gouvernement de Sir John Brand, menait une vie paisible et tranquille. On voit comment le gouvernement transvaalien a compris et pratiqué l'indépendance. Et ici, me souvenant que j'appartiens à un petit pays auquel depuis des siècles l'indépendance a été aussi chère que l'existence, je me révolte à l'idée qu'on recouvre de ce nom ce qui n'a été trop souvent que le mépris des engagements les plus positifs.

Les armements

Le désir de s'étendre et d'établir sa domination sur l'élément anglais, si l'on ne pouvait pas le chasser définitivement, devait forcément pousser le Transvaal à s'armer, à se préparer pour toutes les éventualités, en particulier pour l'occasion qu'il ne faudrait pas laisser passer, où l'Angleterre étant engagée dans une querelle avec une puissance européenne, on aurait le champ libre en Afrique. M. Fisher, toujours d'après le même document que j'ai déjà cité, nous dit que c'est seulement depuis le raid Jameson que les Boers ont fait provision de munitions et d'armes. Cette assertion est le thème favori de la presse amie des Boers. Non seulement on ne songe point à en contester l'exactitude, mais on en fait un titre de gloire pour les Boers qui, menacés dans leur indépendance, ont su prendre à temps les mesures nécessaires pour la défendre efficacement.

M. Fisher doit pourtant savoir que, déjà bien longtemps avant le raid Jameson, les Uitlanders se plaignaient vivement des armements faits avec leur argent, et qu'ils savaient fort bien être dirigés contre eux. En particulier, dans la pétition de 1895, ils protestent à juste titre contre la construction d'un fort qui domine la ville de Johannesburg et qui a coûté plus de 100,000 livres, sans parler de 250,000 autres employées à un usage analogue, et de commandes considérables faites à Krupp et ailleurs. En 1882 déjà, le manifeste de fondation du Bond, qui est d'une violence telle qu'il effraya les modérés comme M. Hofmeyr, ce manifeste appuie sur la nécessité absolue d'armer l'Etat libre et le Transvaal pour expulser radicalement du Sud de l'Afrique l'élément britannique, ce fléau dont il faut se débarrasser à tout prix. Mais, pour s'armer, il faut de l'argent, il en faut même beaucoup. Ce n'est pas avec des finances aussi délabrées que celles du Transvaal en 1884,

quand ses envoyés à Londres étaient obligés de faire appel
à la générosité de leurs amis, qu'on achète des canons du
Creusot. Il a fallu pour cela ces maudits Uitlanders et leur
avidité à tirer l'or de la terre sur laquelle, auparavant,
quelques fermiers faisaient paître leurs troupeaux gardés
par des Cafres. Grâce au travail des étrangers de Johannesburg, on a pu construire ces forts destinés à tenir en res-
pect une nombreuse population désarmée, on a pu acheter
des canons à la dernière ordonnance, des fusils Mauser
dont la supériorité est reconnue, et payer des instructeurs
étrangers pour enseigner aux Transvaaliens l'usage de ces
armes.

Et non seulement cela, mais on s'en est procuré en
quantité suffisante pour armer l'Etat libre dont Krüger
s'était assuré l'appui. Les armes dont s'est servi l'Etat
d'Orange ont été payées aussi avec l'or des Uitlanders, et
même l'été passé encore, à la veille du conflit, elles pas-
saient par le Cap, c'est-à-dire par le territoire britannique.
On sait que Sir Alfred Milner fit à ce sujet des représentations au premier ministre de la colonie, M. Schreiner. Celui-
ci répondit que l'Etat d'Orange étant un état ami avec lequel les relations étaient excellentes, il n'y avait pas de
raison de l'empêcher de se procurer des armes. Ici encore,
l'Angleterre, plutôt que de faire une entorse au droit strict,
a laissé son adversaire faire des préparatifs qui étaient
ouvertement dirigés contre elle, et dont elle a eu cruelle-
ment à souffrir.

Les armements, qui remontent à l'époque où le Transvaal a eu l'argent nécessaire pour les faire, ont trouvé un
encouragement et une excuse excellente dans le raid Jameson. Ce raid doit certainement être qualifié de criminel;
c'est un attentat commis par l'étranger sur le gouvernement du Transvaal. Mais, sans vouloir rien ôter à la sévé-
rité du jugement qui doit être passé sur cet acte, il faut
cependant le considérer à sa juste valeur, et ne pas se laisser emporter par une indignation que le gouvernement
Krüger sait fort bien cultiver à son profit. Un coupable,

quelque grand qu'il soit, a droit à ce qu'on n'exagère pas
le caractère criminel de sa conduite mais, au contraire, à
à ce qu'on cherche les circonstances atténuantes. Or, si l'on
étudie les causes véritables qui ont provoqué le raid Jameson, on pourrait faire plus d'une comparaison, et trouver en
Europe plus d'une analogie avec des faits qu'un grand
nombre d'amis des Boers célèbrent comme glorieux.

Il est certain que, sauf la mort, assurément fort regret-
table de quatre Burghers, le raid Jameson n'a eu pour le
Transvaal, ou plutôt pour le gouvernement Krüger, que les
conséquences les plus heureuses. Les coupables étant au
nombre de quatre cents, on pouvait, avec quelque vraisem-
blance, faire remonter la responsabilité à la nation anglaise,
ou du moins à l'un de ses ministres. Le raid Jameson! nous
a-t-on assez joué de cet air-là! au point de rendre nos oreil-
les sourdes à la voix du calme et de la raison. C'est devenu
depuis trois ans l'argument sommaire qui dispense d'examiner la question pour elle-même. Que l'on regarde un instant les résultats que cette agression a eus pour la victime.
D'emblée elle a vu se tourner vers elle non seulement les
sympathies de l'empereur d'Allemagne et de l'Europe, mais
ce qui lui était beaucoup plus utile, celles des Afrikanders
de l'Etat libre et de la colonie du Cap, qu'on s'était plus ou
moins aliénées. Puis, surtout, le gouvernement anglais était
paralysé, toute action énergique de sa part aurait été inter-
prétée comme un aveu de complicité. Rien n'était plus fu-
neste à l'action de l'Angleterre et plus contraire à la ligne
politique qu'elle avait suivie jusqu'alors, que cette expédition qui devait fatalement conduire à un échec. Nous avons
vu que, bien loin de s'attaquer à l'indépendance du Transvaal, l'Angleterre avait permis l'extension de son territoire
et de son influence, et lui avait offert l'accès à la mer. Si
elle avait voulu faire acte d'hostilité contre le Transvaal,
elle aurait résisté aux empiètements territoriaux et forcé
le gouvernement Krüger à respecter les conventions. Même
le cabinet libéral reconnaissait qu'il y avait eu plusieurs
casus belli. Ce n'étaient donc pas les prétextes qui lui man-

quaient ni les griefs à faire valoir. On peut appliquer au raid Jameson ce mot fameux : c'est pire qu'un crime, c'est une faute. Les ennemis de M. Chamberlain peuvent-ils supposer que, connaissant la force de la position qu'il avait vis-à-vis du Transvaal, il aurait été, de gaité de cœur, se casser lui-même les bras, pour employer une expression populaire? Car l'impuissance du gouvernement anglais, à ce moment-là, s'est trouvée absolue, et on peut même taxer de faiblesse la conduite du gouverneur du Cap, Sir Hercules Robinson, qui arrivait à Prétoria au lendemain du raid.

On a beaucoup parlé du procès de Jameson et de ses officiers qu'on a jugés en Angleterre, l'opinion s'est indignée bruyamment de ce qu'on a considéré comme un scandale d'indulgence; on a beaucoup moins parlé, surtout on s'est beaucoup moins indigné, du procès fait, à Prétoria, aux soixante-quatre Uitlanders qui, à deux ou trois exceptions près, voulaient que leurs revendications se fissent à l'ombre du drapeau national transvaalien, et qui avaient fait tout leur possible pour arrêter Jameson avant son départ, et pendant sa marche. Sir Hercules Robinson n'est nullement intervenu pour empêcher Krüger de les faire arrêter, ni pour les faire sortir de la prison de Prétoria et des mains du geôlier DuPlessis, dont M. FitzPatrick nous a décrit le caractère et la conduite.

Non seulement ces prisonniers, mais tous les Uitlanders ont été les victimes véritables du raid. Leur cause a été ruinée, et la main du gouvernement boer s'est appesantie d'autant plus fortement sur eux. Même les promesses que M. Chamberlain finit par obtenir du président Krüger en leur faveur, si elles n'ont pas été considérées comme nulles et non avenues, ont été exécutées comme celle de l'organisation municipale de Johannesburg (¹).

Mais c'est surtout pour les armements que le raid Jameson a été une justification inespérée. Ces forts, ces canons Krupp, ces instructeurs étrangers contre lesquels

(¹) Question du Transvaal, p. 21.

les Uitlanders avaient vainement protesté, on pourrait maintenant, sans scrupule, en augmenter le nombre. N'est-ce pas le premier devoir de tout gouvernement de préparer sa défense, et d'être armé pour le moment du danger? L'Anglais aurait-il l'audace de faire des représentations contre ces armements qui lui semblaient disproportionnés, on lui répondrait par les cavaliers de Jameson et leurs canons Maxim.

Il y avait donc plusieurs années avant la guerre une organisation toute prête à se mettre en mouvement au moment favorable, et surtout s'il s'était présenté quelque éventualité qui assurât le succès. C'était comme une bombe chargée dans l'édifice colonial africain de l'Angleterre, et qui, à un moment donné, pouvait l'ébranler jusque dans ses fondements ou même en amener la ruine. Qu'on se représente l'Angleterre, engagée dans une complication extérieure, une guerre comme celle qui pouvait éclater à propos de l'affaire de Fachoda, Krüger et ses Boers se mettaient en marche sous un prétexte quelconque qu'ils n'auraient pas eu de peine à découvrir, et, jusqu'au Cap, rien ne les aurait arrêtés. Est-ce faiblesse, est-ce insouciance, ce danger très réel, l'Angleterre a paru l'ignorer et n'a rien fait pour l'écarter; elle n'a pas protesté contre les armements. Il est vrai que, puisqu'au début elle n'avait pas écouté la voix des Uitlanders, elle pouvait encore moins agir après le raid Jameson. Cette absence de toute espèce de précautions n'avait cependant pas empêché Krüger, depuis des années, de parler du désir qu'avait l'Angleterre d'annihiler la République Sud-Africaine.

Il faut bien la passion anti-anglaise, qui s'est emparée d'une partie de la presse européenne, pour croire que c'est l'Angleterre qui a déclaré la guerre, ou, quand Krüger a lancé son ultimatum, que c'était une ruse de M. Chamberlain de se la faire déclarer par son adversaire. Lorsque les Transvaaliens, armés de pied en cap, ont quitté leur réduit à l'heure favorable, et ont franchi la frontière, ils ont trouvé en face d'eux la petite armée du général White, composée, en presque totalité, de garnisons de l'Inde arrivées en toute hâte, et un petit nombre de réguliers et de volontaires à Kimberley et à Mafeking. C'étaient là les menaces à la sécurité du Transvaal que signalait le président Krüger. Du reste, les Boers eux-mêmes n'ont pas tardé à rendre à la guerre son vrai caractère. Aussitôt la frontière franchie, comme les sultans d'autrefois, ils se sont empressés de déclarer leur propriété tout territoire où ils mettaient le pied. Mieux encore, avant qu'un seul coup de fusil eût été tiré, le président de l'Etat d'Orange publiait une proclamation par laquelle il déclarait territoire de l'Etat libre toute la partie du Griqualand occidental située au nord du Vaal. En même temps, lui, chef d'un état qui avait toujours vécu dans une paix parfaite avec l'Angleterre et qui n'avait avec cette puissance aucun démêlé, s'adressait à ses compatriotes en ces mots: « J'ai ordonné à mes officiers de franchir les frontières de la colonie du Cap, sans autre but que la défense de mon pays et de mon peuple, et pour sauvegarder notre indépendance. »

Quel conseil conner aux Boers?

Je ne sais si j'ai réussi à faire partager à mes lecteurs la conviction qui ressort pour moi de l'étude des faits: c'est que l'Angleterre n'a jamais cherché à porter atteinte à l'indépendance du Transvaal, depuis qu'elle la lui a restituée. Au contraire elle a accordé à cet état des concessions qui n'étaient nullement prescrites par les conventions, elle l'a même laissé faire des armements considérables manifestement dirigés contre elle. Elle ne s'y est point opposée, soit par imprévoyance, soit parce qu'elle ne voulait pas paraître appuyer le raid Jameson. Si aujourd'hui le débat s'est transporté sur le terrain de l'indépendance, si c'est

pour elle que les Boers combattent, c'est que le gouvernement Krüger a soulevé cette question de son plein gré.
Plutôt que de faire des concessions qui lui répugnaient, il a
joué son va-tout.

En faisant ainsi de l'indépendance l'enjeu qu'il risquait
volontairement, Krüger déterminait d'une manière absolue
la fin de la guerre. Rarement une lutte a commencé, dont
l'issue fût aussi clairement tracée d'avance. Sans doute il
y en avait une autre, mais ce n'était que le rêve que ca-
ressaient Krüger et ses Hollandais: ce rêve c'était qu'on
aurait raison de ces Anglais haïs et méprisés, qu'à la faveur d'une révolte des colons on s'emparerait du territoire
britannique, et qu'alors maître du Sud de l'Afrique on y
établirait une république dont le Transvaal est l'image en
raccourci. Au sommet l'oligarchie des burghers, au-dessous
d'eux les sujets étrangers, puis les noirs dont la condition
de fait, si ce n'est de nom, serait celle d'esclaves. Cette
solution ne pouvait se réaliser qu'à l'aide de complications
internationales, dont les conséquences eussent été bien
autres pour le monde entier, que la fin des deux républiques Sud-africaines. Aussi n'y a-t-il pas lieu à en tenir
compte.

L'autre solution, certaine dès le jour où le Transvaal
a lancé son ultimatum, c'est pour les deux républiques la
perte de leur indépendance et leur annexion au territoire
colonial anglais. Quelques âmes généreuses voudraient
encore voir l'Angleterre faire acte de magnanimité, et répé-
ter dans des limites plus restreintes ce qui c'est fait après
Majuba Hill. Mais ne voit-on pas que sur ce point l'Angleterre ne peut pas transiger; c'est la condition sur laquelle
les circonstances la forcent à rester inflexible. Avant tout,
ce que désire le peuple anglais à l'unanimité, c'est qu'une
nouvelle guerre Sud-africaine devienne chose impossible.
Ce désir ou plutôt cette volonté, qu'il est du devoir du gouvernement de mettre à exécution, entraîne d'abord le dé-
sarmement du Transvaal, et la direction des choses mili-
taires remise à l'Angleterre; puis la suppression de la re-

présentation à l'étranger, en sorte qu'on n'envoie plus en Europe de mission Leyds ; puis un Raad où les Uitlanders auront accès, où ils seront représentés en proportion de leur nombre, et où ils ne seront pas limités au quart ; enfin, un réglement de la question financière, de sorte que ce ne soit plus une minorité qui dispose à son gré d'un budget fourni en presque totalité par des contribuables qui n'ont pas voix au chapitre. Que restera-t-il de l'indépendance ? un mot vide de sens, ne répondant nullement à la réalité, et propre seulement à nourrir dans les esprits de vaines espérances ou d'inutiles regrets. D'ailleurs cet état de choses va bien au delà de la concession de la franchise de cinq ans à laquelle Krüger déclarait préférer l'annexion.

L'indépendance est perdue, c'est là un fait qui se dresse devant les vaincus avec toute sa brutalité, et duquel il ne sert de rien de détourner les regards. Et ici, je m'adresse de nouveau aux amis des Boers, et je les supplie de ne pas pousser un petit peuple si brave et si valeureux à persister dans une lutte inutile, qui ne pourra qu'ajouter à leurs souffrances, sans améliorer en quoi que ce soit leur situation finale. Loin de moi, comme de tout vrai Suisse, l'idée de proposer à un peuple quelque petit qu'il soit, une capitulation dans laquelle sombrerait l'honneur. Les Boers, dès le premier jour, l'ont sauvé par leur héroïsme et leur abnégation, et même c'est par cette fin glorieuse qu'ils se seront fait un nom dans l'histoire. On peut se rendre quand on s'est si vaillamment défendu, et l'on a même les honneurs de la guerre.

On parle de résister à outrance, de faire une guerre de guérilla ; à quoi bon ? Les Boers n'entendent pas comme les défenseurs de Ladysmith ou de Mafeking, le canon des troupes qui viennent à leur secours. Ils en sont réduits à leurs propres forces, qui sont près de s'épuiser. La guérilla se comprend en Espagne ou au Mexique, lorsqu'il y a espoir de chasser l'ennemi, ou de conserver au moins une partie du territoire où l'on pourra se maintenir. Mais, quand les troupes anglaises occuperont Prétoria ; quand toute la partie riche et populeuse du pays et le siège du gouvernement seront aux mains d'un empire dont il ne sera plus question de repousser les soldats, que restera-t-il à défendre ? Le gouvernement n'existera plus, les ressources seront taries puisque les mines d'or seront en possession de l'ennemi. Quelques groupes de fermiers se rangeant autour du Vierkleur, et errant dans de vastes espaces peu habités, ne suffisent pas à constituer un état. Cette guérilla ne sera qu'une chasse à l'homme, où chacun des adversaires aura alternativement plus ou moins de succès.

Aussi n'hésitons-nous pas à conseiller aux Boers de se rendre, et de s'en remettre aux conditions que leur fera l'Angleterre. Encore une fois, leur dirons-nous, vous avez sauvé l'honneur, vous l'avez sauvé mieux que François Ier, à Pavie, par une résistance obstinée et tenace, par une valeur d'autant plus digne d'admiration qu'elle restera toujours dans l'ombre, et que les noms de vos héros demeureront inconnus. Maintenant, comme Villebois-Mareuil mourant le disait à ses compagnons, vous pouvez hisser le drapeau blanc. C'est alors seulement qu'on pourra faire appel à la générosité du vainqueur, avec l'espoir légitime d'être entendu. Cette générosité ne portera pas sur l'indépendance, je crois l'avoir suffisamment démontré. L'Angleterre ne peut pas céder sur cette question. Elle ne peut pas s'exposer à la chance, même lointaine, de voir renaître une guerre comme celle-ci. Le gouvernement en doit la garantie absolue à l'empire. Là où l'Angleterre pourra se montrer large c'est sur la question de l'autonomie ; c'est sur le mode de vivre qu'elle créera aux Boers à l'ombre de son drapeau, et ici encore la ligne est toute tracée d'avance non pas tant par les circonstances, que par le caractère et l'histoire du peuple anglais.

On nous dit que les Boers se sont suffisamment bien battus pour qu'on n'en fasse pas des sujets. Dans le vaste empire sur lequel règne la reine Victoria, tout le monde se nomme sujet Britannique, c'est-à-dire que chacun est sujet de la reine et dépend de son gouvernement ; mais des races sujettes, c'est-à-dire sous l'autorité directe d'une autre race privilégiée, en dehors d'indigènes non chrétiens ou à demi-civilisés, il n'y en a pas. De vrais sujets, dans le sens strict du mot, c'est au Transvaal qu'on en trouve le meilleur exemple. Les Boers perdront l'indépendance, cela est vrai, mais ils recevront, en échange, la liberté qui est la base même de tout le régime colonial anglais. Ces colonies s'étant fondées, avant tout, par l'énergie et les efforts spontanés des premiers colons, c'est dans ces pays que l'action individuelle a la plus grande valeur, et que la main de l'état se fait le moins sentir. Il n'y a pas de pays plus libres au monde que le Canada ou la colonie du Cap, parce que là, l'individu est habitué à compter d'abord sur lui et sur ses propres efforts, et surtout à ne pas regarder sans cesse à l'état, lequel dans les débuts n'existait pas. Petit à petit, il s'est organisé, l'administration avec ses divers départements est née à mesure que les besoins se faisaient sentir. Aussi est-elle réduite à une simplicité qui fait contraste avec des pays qui sont pourtant fiers de leur liberté. Ce n'est pas dans ces colonies qu'on a à redouter des lois pareilles à celles que le peuple Suisse vient de secouer d'un vigoureux coup d'épaule.

Cette conception de la liberté diffère singulièrement de celle des Boers. Ce qu'ils appellent liberté, c'est le droit de conserver pour eux exclusivement la domination sur les étrangers, beaucoup plus nombreux qu'eux-mêmes, qui leur ont apporté la prospérité et la richesse, et à qui ils refusent toute participation au gouvernement. Singulière liberté que celle-là, et dont le nom véritable serait plutôt celui de privilège. Dire que les Boers combattent pour la liberté, c'est une dérision. Ils luttent, au contraire, pour conserver le pouvoir de lui fermer la porte.

A entendre ce que disent en Angleterre les voix les plus autorisées, quand il sera possible de le faire, quand le calme et la tranquillité régneront de nouveau, on donnera aux républiques sud-africaines, réunies au territoire de la couronne britannique, la même autonomie dont jouissent les autres colonies. C'est, à notre sens, de cette manière que la générosité de l'Angleterre, à laquelle on fait appel, pourra le mieux se manifester. C'est en s'efforçant d'entrer dans les idées des Boers, en tenant compte, dans la mesure du possible, de leurs sympathies et, qui sait, même de leurs préjugés. Plus l'autonomie qu'on leur accordera sera large, plus on conservera, soit dans leurs lois soit dans leur organisation rurale ou municipale, tout ce qui est compatible avec l'autorité souveraine et avec les principes de liberté, moins aussi le changement se fera sentir et, plus vite, comme au Canada, se produira la fusion entre vainqueurs et vaincus.

L'Angleterre ne saurait trop le redire, elle ne fait pas la guerre pour remplacer les Boers ; elle n'a nulle intention de renverser les rôles, et de faire des Uitlanders ou même de l'élément britannique une nouvelle oligarchie qui se prévaudrait, aux dépens des anciens maîtres, des mêmes priviléges dont ceux-ci ont fait un usage abusif. L'Angleterre veut créer un état colonial dans lequel les deux races seront sur pied d'égalité ; c'est-à-dire qu'elle est prête à donner aux vaincus les mêmes droits qu'à ses propres ressortissants, en sorte que les deux races contribuent de concert à la prospérité de l'état, dans la mesure des ressources et des capacités de chacune.

Cette égalité et ensuite cette autonomie, il est clair qu'on y arrivera d'autant plus vite que la reddition des Boers sera plus prompte et plus complète. L'état transitoire qui doit nécessairement succéder à la guerre, que ce soit la loi martiale ou que ce soit la condition de *crowneslong*, c'est-à-dire la dépendance directe du gouvernement de la métropole, cet état aura une durée d'autant plus courte que les Boers, au lieu de s'adresser à l'Amérique ou ailleurs, se tourneront plus tôt vers l'Angleterre pour lui rendre les armes. Tout au contraire, la guérilla, en prolongeant l'état de lutte et d'hostilité, ne servira qu'à ajouter de nouvelles souffrances à celles sous lesquelles on gémit de part et d'autre depuis plus de six mois, et surtout à retarder toujours le moment où le gros de la population pourra panser ses blessures dans la tranquillité et la paix, et obtenir cette autonomie, qui sera la seule et la vraie compensation à la perte de l'indépendance.

Dans une conversation tenue en Hollande avec les trois envoyés, l'un d'eux, M. Wessels, a dit en terminant : « je puis vous l'assurer, nous serons peut-être défaits, mais quant à être soumis nous ne le serons jamais. » Ces paroles ont une allure héroïque et quelque chose de retentissant. « Ayez donc pitié de votre peuple », dirons-nous à M. Wessels, « n'a-t-il pas répondu avec assez d'empressement à votre appel ? Ne s'est-il pas assez sacrifié dans cette guerre qui était la vôtre ? S'il faut qu'aujourd'hui, pour vous avoir suivi trop fidèlement, il porte le deuil de son indépendance, ne le poussez pas à des résolutions désespérées, mais laissez-le essayer de la liberté que lui offrira son vainqueur. »

Genève, Mai 1900.

Imprimerie Suisse, Rue du Commerce, 6, Genève.

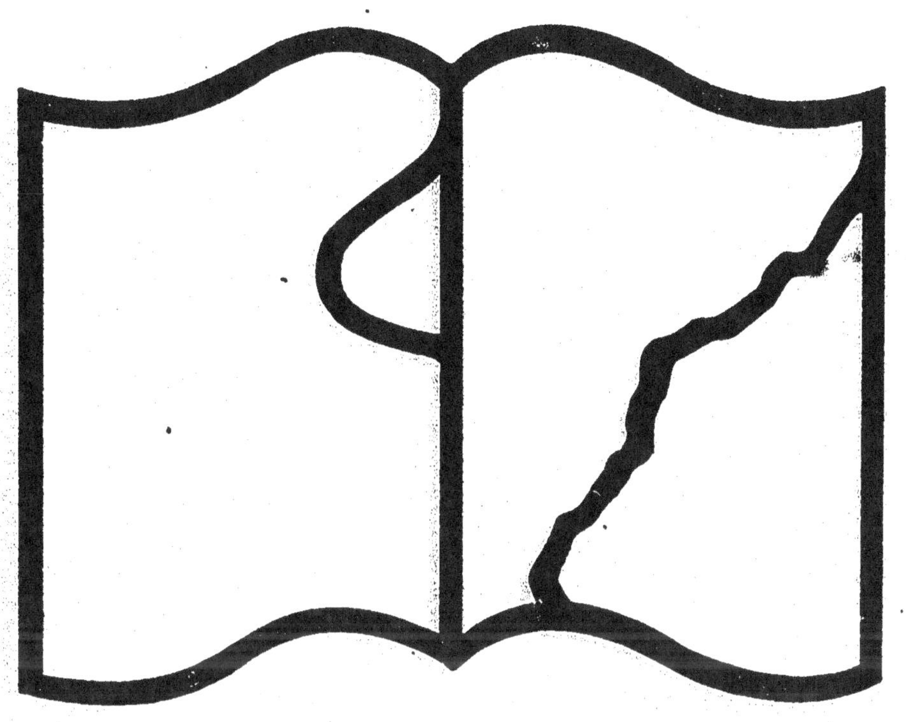

Texte détérioré — reliure défectueuse

NF Z 43-120-11